Foto: Julia Hofmann

Peter Hofmann (*1959)
wohnhaft in Oberaudorf im bayerischen Inntal und von Beruf Dipl.-Kfm., beschäftigt sich seit seiner Jugend mit Fotografie und Höhlenkunde.

Zusammen mit seiner Frau Gabriele (*1960), neuerdings auch mit Tochter Julia (*2000), ist er nicht nur in deutschen Höhlen aktiv, sondern bereiste insbesondere den Mittelmeerraum, den Nahen Osten und viele Länder Osteuropas, worüber er regelmäßig in Fachvorträgen berichtet.

Sein Hauptinteresse gilt anthropospeläologischen Themen, also dem Bezug von Mensch und Höhle im weitesten Sinne. Er ist Mitglied im Verein für Höhlenkunde München e.V. und betreibt selbst das „Netzwerk Mensch & Höhle".

Als Autor veröffentlichte er zahlreiche Fachartikel in höhlenkundlichen Zeitschriften, wirkte als Schriftleiter und Autor an wissenschaftlichen Veröffentlichungen mit und brachte im BOD-Verlag bislang drei eigene Gebietsführer (Inntal, Istrien, Malta) heraus.

Er initiierte und gestaltete inhaltlich das Projekt inntaler unterwelten, ein Zusammenschluss von vier Höhlen(-wegen). Dafür wurde er 2011 mit dem EUREGIO-Preis für besondere Verdienste in der grenzüberschreitenden Zusammenarbeit ausgezeichnet.

Peter Hofmann

INNTALER UNTERWELTEN

Vier Wege :: vier Höhlen :: vier Erlebnisse

Der Fotoband

Bibliografische Information Der Deutschen Bibliothek:
Die Deutsche Bibliothek verzeichnet diese Publikation in der deutschen Nationalbibliografie;
detaillierte bibliografische Daten sind im Internet über <http://dnb.ddb.de> abrufbar.

www.unterwelten.com

www.tropfstein.de

© Mai 2011
Peter Hofmann, Oberaudorf
Email: peterhofmann@t-online.de

Herstellung und Verlag:
Books on Demand GmbH, Norderstedt

Layout und Titelgestaltung:
Hans W. Lehmann, Markus Scholz, Grafiker, München

Umschlagvorderseite:
„Logo" der inntaler unterwelten:
links oben Grafenloch, rechts obern Hundalm Eishöhle
links unten Wendelsteinhöhle, rechts unten Tischoferhöhle

ISBN 978-3-8423-5632-0

- INHALT -

Ein Vorwort   6

Vier Höhlen :: vier Partner   6

INNTALER UNTERWELTEN   7
Die Geschichte einer Idee

WENDELSTEINHÖHLE   8
Erlebnisreise in die Dunkelheit

GRAFENLOCH   30
Von Mönchen und Rittern

TISCHOFERHÖHLE   52
Der Urzeit auf der Spur

HUNDALM EISHÖHLE   68
Wildnis aus Eis und Fels

LITERATURHINWEIS   88

Ein Vorwort

Höhlen haben viele Facetten, das Projekt inntaler unterwelten hat etliche davon beleuchtet. Wissenschaftliche Erkenntnisse wurden gewonnen, technische Herausforderungen gemeistert – und nicht zuletzt die künstlerische, ästhetische Seite gepflegt: in der Schwärze der ewigen Nacht zu fotografieren, „mit Licht zu malen", ist eine ganz eigene, reizvolle Aufgabe!

Daher gilt es an dieser Stelle besonders denen zu danken, die gerade die Bilderwelten möglich gemacht haben.

Meine Fotomodelle waren vor allem meine Frau Gabriele Hofmann sowie Tochter Julia (10 Jahre). Sie und ihre Freunde Michael Lukasser und Marinus Wolf haben großartige Geduld bewiesen.

Den Papa der „Musterfamilie spielte Hans W. Lehmann, als Reservemama sprang bereitwillig Eva Haun ein.

Mögen sie das Gefühl haben, der Erfolg rechtfertigt die Mühen!

Im Mai 2011

Peter Hofmann

Vier Höhlen :: vier Partner

Der Dank gilt ebenso den Partner der inntaler unterwelten und den maßgeblichen Entscheidern und Verantwortlichen:

Wendelsteinhöhle

Wendelsteinbahn GmbH
Hans Vogt, Betriebsleiter,
Florian Vogt, Prokurist,
Claudia Steimle, Pressereferentin
www.wendelsteinbahn.de

Grafenloch

Gemeinde Oberaudorf
1. Bürgermeister Hubert Wildgruber
Yvonne Großmann, Tourist-Info
www.oberaudorf.de

Tischoferhöhle

Gemeinde Ebbs
1. Bürgermeister Josef Ritzer
Amtsleiter Toni Geisler
www.ebbs.tirol.gv.at

Hundalm Eishöhle

Landesverein für Höhlenkunde in Tirol
Obfrau Renate Tobitsch
www.hoehle-tirol.com

INNTALER UNTERWELTEN
:: Die Geschichte einer Idee ::

„Höhle" weckt Emotionen, „Höhle" bewegt, zu „Höhle" hat jeder eine Erfahrung, eine Meinung, ein Gefühl:

Bei dem einen überwiegt vielleicht der Gedanke an Enge, Eingeschlossenheit und Gefahr, die in der Tiefe lauern könnte. Bei einem anderen eher die Empfindung des Schutzes, der Zufluchtmöglichkeit, der Geborgenheit im Schoß von Mutter Erde.

Wenn man Menschen befragt, ist erstaunlich oft beides vorhanden, ein wenig Neugier und Scheu zugleich, etwas Angst vor Dunkelheit, die gleichzeitig den Forschergeist weckt.

Vielleicht ist das das tiefere Geheimnis der Unterwelt, der Grund dafür, dass sich viele Menschen für Höhlenerlebnisse begeistern lassen und oft erstaunlich nachhaltig beeindruckt sind.

Gedanken wie diese führen weg von der reinen Bezwingung der Höhle im Sinne des sportlichen Abenteuers und eröffnen psychologische, fast philosophische Dimensionen.

Bei der Gestaltung der inntaler unterwelten, dem grenzüberschreitenden Zusammenschluss von vier Höhlen(-wegen), stand der Aspekt Mensch & Höhle in seinen verschiedensten Ausprägungen von Anfang an im Vordergrund. In besonderem Maße gehört dazu auch das visuelle Erleben, und die unterwelten bieten da einiges:

Die **Wendelsteinhöhle** lässt durch innovative LED-Beleuchtung den Besucher Raumformen und Felsstrukturen in ganz neuen Sichten erfahren.

Der Weg über die Ponorhöhle und das Höhlenhaus Weber an der Wand zum **Grafenloch** in exponierter Lage bietet großartige Einblicke und Ausblicke.

Eine Exkursion zur **Tischoferhöhle** bei Ebbs führt in eines der schönsten Alpentäler – ein Verweilen im gewaltigen Raum lässt jeden Besucher zudem die Kraft der Höhle als Urraum der Menschheit unmittelbar erleben.

Eine Tour zur **Hundalm Eishöhle** vermittelt dem Naturliebhaber im flackernden Licht der Handlampen Einblicke in eine Wildnis aus Eis und Fels von archaischer Kraft.

Eine Auswahl der reichen fotografischen Ausbeute des Projektes wird im Folgenden vorgestellt, und doch können Bilder nur eine Ahnung vermitteln, einen Besuch der Höhle nachbereiten oder vorbereiten – aber niemals ganz ersetzen!

WENDELSTEINHÖHLE
:: Erlebnisreise in die Dunkelheit ::

Die imposante Eingangshalle der Wendelsteinhöhle ist der vielleicht beeindruckendste Raum überhaupt.

Wegen Steinschlaggefahr betritt der Besucher die Schauhöhle aber nicht durch diesen einzigen natürlichen Zugang, sondern durch einen künstlichen Stollen.

Die extremen Kontraste dieses Motivs machen es annähernd unmöglich, ohne digitale Bearbeitung ein befriedigendes Ergebnis zu erzielen.

Nikon D5000
10 mm
f/5.6
ISO 400
Bildkomposition in HDR-Technik, aus 3 Einzelaufnahmen mit unterschiedlicher Belichtung errechnet.
(Kein Blitz)
10. April 2010

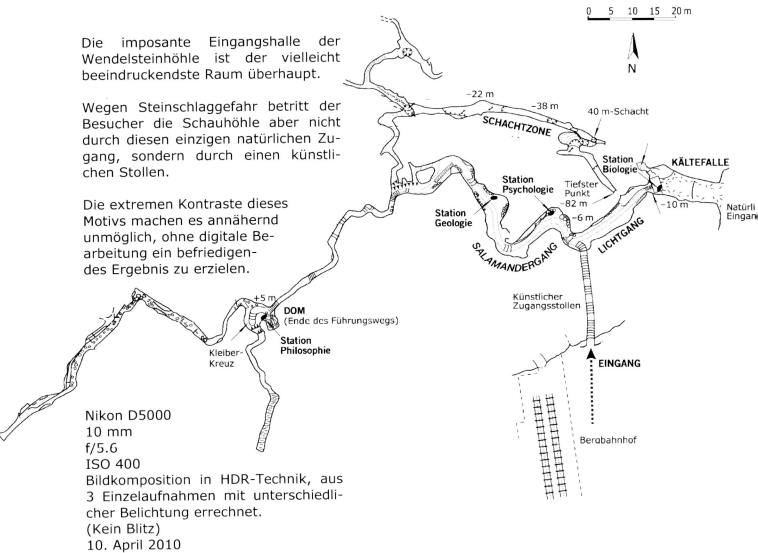

WENDELSTEINHÖHLE

Der Blick aus dem Raum „Geologie" (mit der dritten der insgesamt vier interaktiven Stelen) im Mittelteil der Höhe zeigt besonders gut die differenzierten Beleuchtungseffekte, die durch die LED-Leuchtkörper möglich werden. Raumformen und Felsstrukturen treten in beeindruckender Plastizität hervor.

Allerdings erzeugen die LED-Lampen sehr helle Lichtflecken, so dass auch bei diesem Motiv eine digitale Bearbeitung angezeigt erscheint.

Nikon D5000
19 mm
f/5.0
ISO 800
Bildkomposition in HDR-Technik, aus 3 Einzelaufnahmen mit unterschiedlicher Belichtung errechnet.
(Kein Blitz)
20. Juni 2010

WENDELSTEINHÖHLE

An der niedrigsten Stelle der Höhle, im Bereich des Überganges zum hinteren Teil, zeigt die Decke ganz eigentümlich Strukturen.

Die eigentlich durch fließendes Wasser in der Entstehungszeit vor Jahrmillionen glatt ausgewaschene Decke zeigt sich löchrig zerfressen. Auch Geologen können über die Entstehung nur mutmaßen.

In der Detailansicht ergib dieses Stück Höhlendecke fast ein abstraktes Motiv – akzentuiert durch das Spiel mit der Schärfe.

Nikon D5000
24 mm
f/5.6
ISO 800
Bildkomposition in HDR-Technik, aus 2 Einzelaufnahmen mit unterschiedlicher Belichtung errechnet.
(Kein Blitz)
20. Juni 2010

WENDELSTEINHÖHLE

Im zweiten, rückwärtigen Teil des Besucherweges durch die Höhle verändert sich der Gangcharakter grundsätzlich.

Eine bis zu 16 m hohe, teils nur mehr einen Meter breite Kluft bildet den Hauptgang.

Kulissenartig schieben sich die Felswände ins Bild und geben ihm Tiefe, nach jeder Biegung neue überraschende Perspektiven bietend.

Nikon D5000
58 mm
1/40 sec.
f/7,1
ISO 800
(Kein Blitz)
30. Juni 2010

WENDELSTEINHÖHLE

Unvermittelt mündet der Besucherweg in den abschließenden so genannten Dom.

Urplötzlich treten die Wände zurück und geben den Blick auf den erhabenen, runden Raum frei.

Die differenzierte Beleuchtung kann verschiedene Stimmungen annehmen, die der Besucher selbst via Touchscreen steuern kann – einmalig unter den Schauhöhlen dieser Welt.

Nikon D5000
12 mm
1/62 sec.
f/4.5
ISO 800
(Kein Blitz)
20. Juni 2010

WENDELSTEINHÖHLE

Im Dom der Wendelsteinhöhle haben bereits die Ersterforscher um Prof. Kleiber aus München am 10. Oktober 1886 ein großes Kreuz angebracht.

Der originale Corpus Christi wurde 2010 neu vergoldet und erstrahlt nun wieder in mattem, edlem Glanz.

Dem fast kreisrunden Raum des Doms verleiht es einen feierlichen Charakter.

Nikon D5000
105 mm
1/15 sec.
f/7,1
ISO 2500
30. Juni 2010

WENDELSTEINHÖHLE

Zu den Entdeckungen im Reiche der ewigen Nacht gehören immer auch die allerkleinsten Dinge.

Über die Tierwelt der Höhle war – abgesehen von der allerdings reichhaltigen Fledermausfauna – bislang nichts bekannt.

Im Mai 2009 wurde in einem winzigen Wasserloch im Hauptgang erstmals ein Spinnentier entdeckt, später ein Fadenwurm und im Juni 2010 schließlich die beiden abgebildeten Insekten, zwei Springschwänze (Collembola).

Bislang existieren ausschließlich vom Tag der Entdeckung selbst Fotoaufnahmen. Die Größe des kleineren der beiden Insekten beträgt ca. 1 Millimeter – auch für gute Makroobjektive eine Herausforderung!

Nikon D5000
85 mm Makroobjektiv
1/100 sec.
f/11
ISO 320
04. Juni 2010

WENDELSTEINHÖHLE

Im Winter dringt durch eine Besonderheit der Luftführung der Höhle der Frost weit in die Gänge vor und bewirkt eine ungewöhnlich starke Vereisung – oft muss die Schauhöhle daher bis in den Frühsommer hinein geschlossen bleiben.

Beeindruckende, schillernde, wunderschöne Feenpaläste aus Eis entstehen dann, meterhohe Eissäulen – leider auch tonnenschwer und gefährlich, denn irgendwann bricht diese Zauberwelt buchstäblich unter der eigenen Last zusammen.

Konica Minolta Dimage A2
28 mm
1/320 sec.
f/3,2
ISO 100
zwei Blitzgeräte
26. März 2006

WENDELSTEINHÖHLE

Eis gehört zu den schwierigen, aber auch dankbaren Motiven.

Ein Blick auf feine Details offenbart vieles vom Entstehungsprozess des Eises, ob dieser schnell verlief oder langsam, in verschieden Perioden, unter Einschluss von Luftblasen oder unter gleichmäßigen Bedingungen.

Dank fehlender sonstiger Umwelteinflüsse, besonders, weil kein Schnee auf die im Wachsen begriffenen Eiszapfen fallen kann, entsteht oft absolut reines und damit glasklares Eis.

Nikon D5000
105 mm
1/13 sec.
f/7,1
ISO 640
10. April 2010

WENDELSTEINHÖHLE

Vom Dom aus führt der ab hier Canon genannte Hauptgang nochmals 90 m bis zum tagfernsten Punkt der Höhle.

Eng sind die Gänge bis dorthin und scharfkantig das Gestein, professionelle Ausrüstung ist daher angezeigt.

Kurz vor dem Ende des Ganges erweitert sich die Höhle wieder etwas zur Herzkammer, in der sich die Forscher hier aufhalten.

Mehrere Blitzgeräte zaubern einen Eindruck von der Höhle, der nur auf dem Foto in dieser Form zu sehen ist.

Nikon D5000
18 mm
1/60 sec.
f/5,6
ISO 1000
drei Blitzgeräte
08. November 2009

WENDELSTEINHAUS

Die Wendelsteinhöhle ist als typische hochalpine Klufthöhle sehr arm an Tropfsteinen.

Dennoch gibt es sie. Eine besondere Form des Stalaktiten wird auch Makkaroni genannt: Durch den hohlen Kanal rinnt das Wasser, Tropfen für Tropfen baut es weiter sein filigranes Kunstwerk.

Dieses 30 cm lange Exemplar freilich hängt gar nicht in der Höhle, sondern im Kartoffelkeller des Wendelsteinhauses – und wirft ein neues Licht auf die mögliche Wachstumsgeschwindigkeit dieser Gebilde!

Konica Minolta Dimage A2
50 mm
1/200 sec.
f/3,5
ISO 64
17. Februar 2007

GRAFENLOCH
:: Von Mönchen und Rittern ::

Die knapp einstündige Wanderung von der Ortsmitte Oberaudorfs zum Grafenloch bietet einige Abwechslung.

Die letzten Meter sind nicht zu unterschätzen. Nach einer kürzeren Strecke auf ausgesetztem Felsenpfad bildet die 6 m hohe Holzleiter einen finalen Höhepunkt.

Spektakulär ist der Blick von unten auf die überhängende Decke der gewaltigen Höhlenkammer.

Nikon D5000
18 mm
1/60 sec.
f/8
ISO 250
31. Oktober 2009

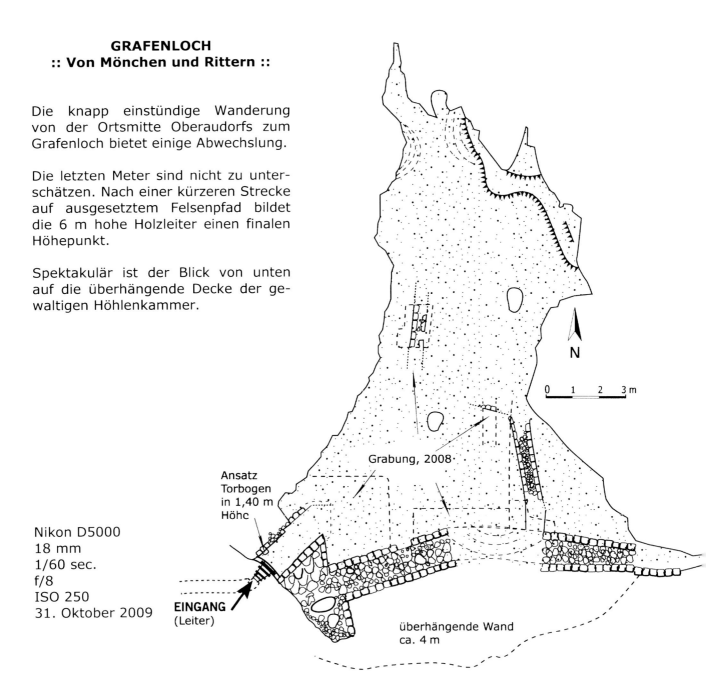

Ansatz Torbogen in 1,40 m Höhe

Grabung, 2008

EINGANG (Leiter)

überhängende Wand ca. 4 m

GRAFENLOCH

Die nur 23 m tiefe Halbhöhle Grafenloch hat eine ganz besondere „Aura".

Ist es die Ahnung, dass hier vermutlich bereits der prähistorische Mensch sich aufgehalten hat? Oder die Gewissheit, dass eine mittelalterliche Burg hier gestanden hat, Menschen hier Schutz gesucht, gelebt und gelitten haben, gestorben sind?

An wenigen Orten lässt sich Höhlenraum als Aufenthaltsraum des Menschen so unmittelbar erleben.

Konica Minolta Dimage A2
28 mm
1/320 sec.
f/4
ISO 64
11. Januar 2008

GRAFENLOCH

Die beeindruckenden Mauerreste der ehemaligen Höhlenburg sind an der Stelle des Leiterzustiegs besonders interessant. Der Ansatz eines Torbogens beweist, dass der Zugang schon immer genau an dieser Stelle war.

Bis zu den Ausgrabungen des Jahres 2008 lag kaum ein gesicherter Befund zu der Anlage vor – von einer Zuflucht in den Wirren des 30-jährigen Krieges glaubte der Volksmund zu wissen.

Erst die Grabung unter Leitung von Prof. Thomas Meier zeigte die Bedeutung der Burg als Herrschaftssitz salisch-staufischer Zeit, sie ging als Höhlenburg wohl der Auerburg auf dem Schlossberg unmittelbar voran.

Nikon D7000
75 mm
1/320 sec.
f/5
ISO 125
2. April 2011

GRAFENLOCH

Nach vorne schließt den Höhlenraum eine mächtige, heute noch bis 5 m hohe Mauer ab. (Das Loch darin ist ein Frostausbruch, kein ursprünglicher Zugang oder ähnliches.)

Die sichtbaren Reste dürften aus dem 12. oder der ersten Hälfte des 13. Jahrhunderts stammen – überaus sorgfältig ausgeführt, allein der Mörtel der Mauer mit Flusssandbeimengung, der mühsam aus dem Tal heraufgeschafft werden musste, weist auf den Aufwand hin, der offensichtlich getrieben wurde. Und stützt die These eines Adelssitzes, einen reinen Fluchtplatz hätte man schlampiger errichtet.

Nikon D7000
24 mm
1/125 sec.
f/11
ISO 125
2. April 2011

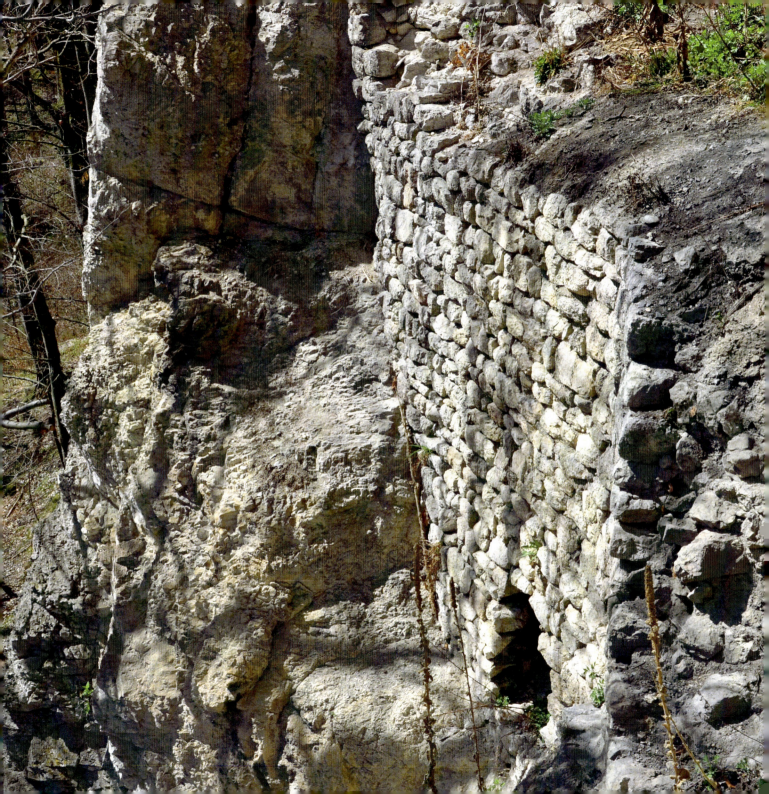

GRAFENLOCH

Aus den verschiedensten Perspektiven fasziniert immer wieder das gewaltige Portal, fast 15 m breit und über 7 m hoch.

Die Jahreszeiten tun ihr Übriges, um stets neue Eindrücke entstehen zu lassen.

Nikon D5000
28 mm
f/8
ISO 220
Bildkomposition in HDR-Technik, aus mehreren Einzelaufnahmen mit unterschiedlicher Belichtung errechnet.
(Kein Blitz)
31. Oktober 2009

GRAFENLOCH

Um viel von der Felsstruktur und dem Gesamteindruck der Höhle erfassen zu können, ist ein extremes Weitwinkelobjektiv unabdingbar.

Die Möglichkeiten der digitalen Fotografie und der Nachbearbeitung ermöglichen es, den gewaltigen Helligkeitsunterschied von drinnen und draußen zu überwinden und in gewisser Weise den natürlichen Seheindruck nachzuempfinden.

Nikon D5000
10 mm
f/8
ISO 400
Bildkomposition in HDR-Technik, aus mehreren Einzelaufnahmen mit unterschiedlicher Belichtung errechnet.
(Kein Blitz)
3. Januar 2010

ROSSTALL

Direkt dem Grafenloch benachbart liegt eine weitere, gar nicht so kleine Halbhöhle, der Rosstall.

Zu ihrem Namen kam sie, da der Sage nach der Herr der Höhlenburg „in einer benachbarten Höhle" seine Pferde einstellte – und eine andere Höhle bietet sich nicht an.

Da die ganze Luegsteinwand stark bewachsen ist, sollte man die Gegend durchaus auch einmal im Winter aufsuchen, vom Fels und den Höhlen ist dann (ohne Laub) viel mehr zu sehen.

Und ein wenig Schnee kann mancher Szene einen interessanten Akzent verleihen.

Nikon D5000
18 mm
1/250 sec.
f/10
ISO 200
3. Januar 2010

WEBER AN DER WAND

Das Höhlenhaus Weber an der Wand sucht weithin seinesgleichen.

In eine große Halbhöhle hineingesetzt, bildet es nicht nur ein bauliches Kuriosum, sondern auch eine kulturhistorische Rarität ersten Ranges.

1827 mit dem Schankrecht ausgestattet, erfreute es sich als Ausflugsort bei Industriellen, Künstlern, Adeligen und gekrönten Häuptern bald einer außerordentlichen Beliebtheit.

Gar nicht so einfach übrigens, einen Standplatz zu finden, von dem aus sich die Gesamtsituation auf einem einzigen Bild gut erfassen lässt.

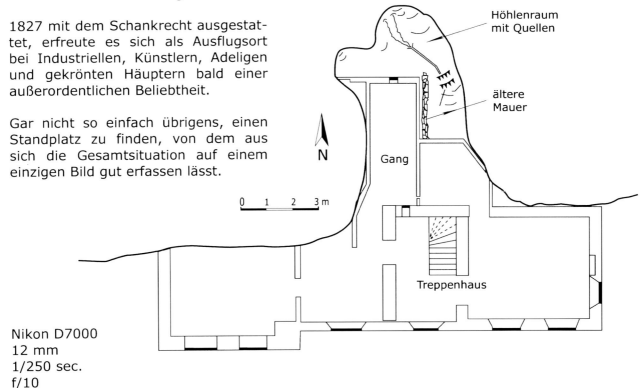

Nikon D7000
12 mm
1/250 sec.
f/10
ISO 320
26. Februar 2011

WEBER AN DER WAND

Die interessanteste Stelle des Höhlenhauses befindet sich auf der Höhe des ersten Stockwerkes.

Heute noch befindet sich eine kleine, naturbelassene Kammer hinter dem Haus, in der eine ständig fließende Quelle entspringt.

Mit uraltem Sinter teilweise ausgekleidet stellt sie unzweifelhaft eine „richtige" Tropfsteinhöhle dar.

Augenfällig ist neben der Formenvielfalt des Sinters seine differenzierte Farbigkeit.

Konica Minolta Dimage A2
28 mm
1/50 sec.
f/4,5
ISO 200
11. Januar 2008

PONORHÖHLE

Mit gerade 13 m Länge wäre die Ponorhöhle am Fuße des Audorfer Schlossberges kaum der Erwähnung wert, wäre sie nicht ein gutes Beispiel eines ganz eigenen Höhlentypus: wo sonst stabile Felsdächer Vertrauen erwecken, hängen hier scheinbar lose Blöcke bedrohlich über den Köpfen der neugierigen Besucher.

Hier handelt es sich nicht um eine vom Wasser ausgewaschene Karsthöhle sondern um eine durch Bergzerreißung entstandene Wunde im Fels – unheimlich und faszinierend zugleich.

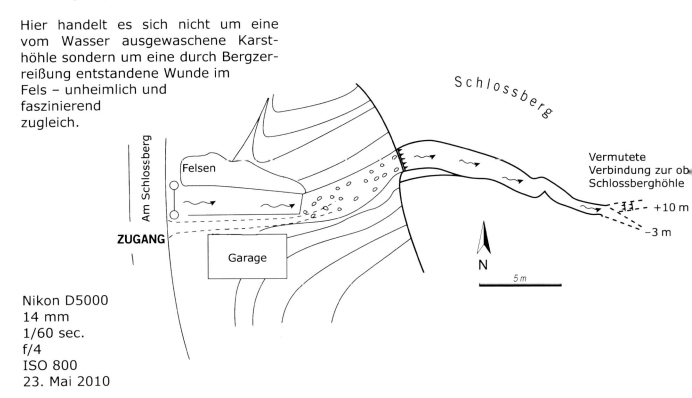

Nikon D5000
14 mm
1/60 sec.
f/4
ISO 800
23. Mai 2010

PONORHÖHLE

Der Blick an die Decke der Ponorhöhle zeigt enger werdende Spalten, die sich in der Dunkelheit verlieren.

Und vermutlich den Zugang zu unbekanntem Terrain.

Denn eine Verbindung zu den 60 m langen oberen Schlossberghöhlen ist sehr wahrscheinlich, konnte aber noch nicht gefunden werden.

Wieder ein unterirdisches Geheimnis mehr!

Nikon D5000
10 mm
1/60 sec.
f/4
ISO 800
23. Mai 2010

TISCHOFERHÖHLE
:: Der Urzeit auf der Spur ::

Der steile Pfad zur Tischoferhöhle zweigt vom Hauptweg ins Kaisertal kurz vor dem Veitenhof ab.

Hinter dem großen Eingang verbirgt sich eine 40 m lange Höhle, die nach hinten um insgesamt 9 m ansteigt.

Einen Überblick über die Geländesituation hat man vom Gegenhang aus.

Der mächtige Portalbogen ist zwar von Bäumen stark verdeckt, dafür bringen die im wahrsten Sinne des Wortes Farbe ins Bild.

Nikon D5000
42 mm
1/80 sec.
f/8
ISO 200
24. Oktober 2009

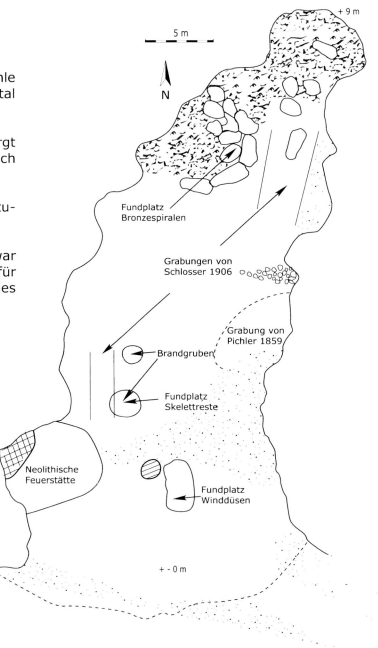

TISCHOFERHÖHLE

Ziemlich unvermittelt steht der Wanderer vor dem eindrucksvollen, mächtigen, 20 m breiten und 8 m hohen Eingangsportal – einem gewaltigen, von Riesen erbautem Triumphbogen gleichend.

Selten hat die Unterwelt den Besucher eindrucksvoller begrüßt – ein Erlebnis und ein eigenes Farbenspiel zu jeder Jahreszeit.

Nikon D5000
18 mm
1/60 sec.
f/8
ISO 320
24. Oktober 2009

TISCHOFERHÖHLE

Vom gleißenden Sonnenlicht ins dämmrige Halbdunkel eingedrungen, braucht das Auge geraume Zeit, sich an die Umgebung zu gewöhnen.

Erst dann treten die Details hervor: der von den archäologischen Grabungen durchwühlte Boden, das Vertrauen erweckende Deckengewölbe.

Mehrere Blitzgeräte sind nötig, um bestimmte Partien ausreichend zu erhellen, gleichzeitig das Geheimnis des Dunkels zu wahren ...

Konica Minolta Dimage A2
28 mm
1/160 sec.
f/4
ISO 100
24. Oktober 2009

TISCHOFERHÖHLE

Die Tischoferhöhle stellt einen der bedeutendsten prähistorischen Fundplätze Tirols dar.

Pfeilspitzen beweisen die Anwesenheit des Menschen vor mehr als 35.000 Jahren. In der Bronzezeit dann, ca. 1.800 vor Chr., hat er hier sogar eine Werkstatt, eine Bronzeschmelze und Gießerei betrieben.

Dieses Bild hatte auch der prähistorische Mensch vor Augen – ein faszinierender Gedanke. Was hat er dabei empfunden? Wir werden es nie erfahren.

Nikon D7000
10 mm
f/8
ISO 125
Bildkomposition in HDR-Technik, aus 6 Einzelaufnahmen mit unterschiedlicher Belichtung errechnet.
3. April 2011

TISCHOFERHÖHLE

Dank des großen Einganges und der Gangdimension reicht das Tageslicht bis in den hintersten Winkel der Höhle.

Ein Stativ ist natürlich nötig, dann lässt sich das Restlicht für ein Bild nutzten und die Situation abbilden – heller noch als das Auge es empfindet.

Und erst das Betrachten des Bildes offenbart, was man in natura gar nicht so wahrgenommen hat: die unbändige Lebenskraft der Natur, jede Nische nutzend. Denn jede zum Licht gewandte Stelle der Felsen ist noch von Moosen und Flechten besiedelt, unglaublich anpassungsfähigen Pflanzen, die noch mit einem Tausendstel des normalen Sonnenlichtes auskommen können.

Nikon D7000
10 mm
1/3 sec.
f/8
ISO 125
3. April 2011

TISCHOFERHÖHLE

Hell und Dunkel, Licht und Schatten, ein stärkerer Kontrast ist schwer vorstellbar als der Übergang aus dem Reich der Sonne in die Welt der ewigen Nacht.

Auch auf diesem Bild (und dem Foto der nächsten Seite) wurden die Möglichkeiten der Digitaltechnik genutzt, um den Seheindruck des menschlichen Auges nachzuempfinden, ja sogar noch zu übersteigern und damit neue Bildwelten von einer ganz eigenen Ästhetik zu schaffen.

Nikon D7000
10 mm
f/8
ISO 125
Bildkomposition in HDR-Technik, aus 6 Einzelaufnahmen mit unterschiedlicher Belichtung errechnet.
3. April 2011

TISCHOFERHÖHLE

Höhle: Wohnung der ersten Menschen, Rückzugsraum, Kultraum, Symbol für Schutz und Eingang zur Unterwelt gleichermaßen, faszinierend und Neugier weckend, lebensfeindlich, abweisend und furchteinflößend zugleich.

An kaum einem anderen Ort ist die Höhle als Urraum der Menschheit mit all ihrer Mystik, Symbolik und archaischen Kraft so eindrucksvoll spürbar wie in der Tischoferhöhle.

Ein zutiefst berührendes Erlebnis.

Nikon D5000
28 mm
f/8
ISO 200
Bildkomposition in HDR-Technik, aus mehreren Einzelaufnahmen mit unterschiedlicher Belichtung errechnet.
(Kein Blitz)
24. Oktober 2009

HEIMATMUSEUM FESTUNG KUFSTEIN

Die Bedeutung der Tischoferhöhle als prähistorischer Fundplatz erschließt sich vor Ort nicht, die Höhle selbst ist heute vollkommen fundleer.

Die Informationstafeln geben dem Besucher natürlich einen Überblick über die wissenschaftlichen Erkenntnisse, wer aber Funde sehen möchte, muss sich ins Museum begeben.

Und so ist eine empfehlenswerte Nachexkursion die Festung Kufstein mit dem Heimatmuseum, das einen Raum der Tischoferhöhle widmet.

In einer durchaus an Höhle erinnernden Atmosphäre bei gedämpftem Lichte bildet sich ein weiteres Bild dieser außergewöhnlichen Stätte im Kopf des Betrachters …

Nikon D5000
16 mm
1/15 sec.
f/4
ISO 400
13. Mai 2010

HUNDALM EISHÖHLE
:: Wildnis aus Eis und Fels ::

Der Besuch der Hundalm Eishöhle, von Embach bei Angerberg in ca. 2,5 Stunden erreichbar, stellt Ansprüche an die Besucher – er ist zweifellos ein kleines Abenteuer.

Das beginnt schon bei der ungewohnten Ausrüstung mit Karbid-Handlampen, an deren offene Flamme sich man erst einmal gewöhnen muss.

Eine steile Eingangsleiter führt in die Wildnis aus Eis und Fels hinab – und die ersten ungewöhnlichen Fotos entstehen. Interessant vor allem durch das Mischlicht in der Übergangsregion von blau erscheinenden Tageslicht zum vergleichsweise hellen, aber stark gelblich wirkenden Kunstlicht.

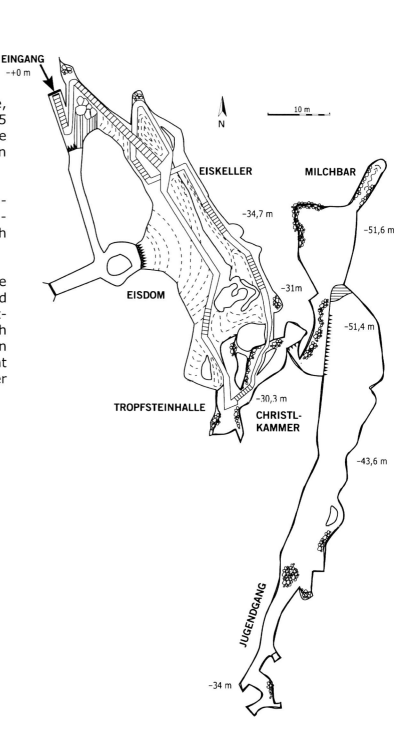

Nikon D5000
18 mm
1/6 sec.
f/5,6
ISO 800
(kein Blitzlicht)
13. Juni 2010

HUNDALM EISHÖHLE

Ziemlich abrupt führt die Eingangsstiege aus dem Reich der Sonne in die Welt der ewigen Kälte und Nacht, einer Teufelsleiter gleichend.

Von unten betrachtet bildet sie ein interessantes, fast grafisch anmutendes Motiv, bei dem die formale, dynamische Linienführung der Treppe mit den Felsstrukturen zusammenwirkt.

Der starke Hell-Dunkel-Kontrast ist dabei wieder einmal nur durch Nachbearbeitung zu bewältigen.

Nikon D5000
12 mm
f/8
ISO 200
Bildkomposition in HDR-Technik, aus mehreren Einzelaufnahmen mit unterschiedlicher Belichtung errechnet.
(Kein Blitz)
13. Juni 2010

HUNDALM EISHÖHLE

Nach dem Abstieg am Fuße der Eingangstreppe öffnet sich mit dem Eisdom der größte Raum der Höhle.

Den Blickfang der Halle bildet die große, vom Boden bis zur Decke reichende Eissäule.

Im Gegenlicht der Blitzgeräte direkt hinter der Eissäule werden die inneren Strukturen des Eises für den Betrachter aufgedeckt.

Wieder einmal offeriert das Medium Fotografie eine Sichtweise, wie sie das menschliche Auge vor Ort nicht wahrnehmen kann …

Konica Minolta Dimage A2
28 mm
1/50 sec.
f/3,2
ISO 200
mehrere Blitzgeräte
11. Juli 2009

HUNDALM EISHÖHLE

An den Eisdom schließt sich die Tropfsteinhalle an, eine Besonderheit der Höhle ist das gemeinsame Vorkommen von Tropfsteinen <u>und</u> Höhleneis.

Erstere bilden sich aus karbonathaltigem Sickerwasser und setzen deshalb Temperaturen über dem Gefrierpunkt voraus. Höhleneis hingegen kann sich ja nur bei Minustemperaturen bilden und erhalten bleiben.

Dieser Widerspruch ist durch das Alter zu erklären: Der allergrößte Teil der Tropfsteine sind viel älter als das Eis und stammen aus klimatisch wärmeren Zeiten. Analysen ergaben ein Alter zwischen 125.000 und 350.000 (!) Jahren!

Das bis zu 7m dicke Eis dagegen ist vermutlich „nur" ca. 1500 Jahre alt, das ergab die Datierung eines Holzrestes von der Eisbasis.

Konica Minolta Dimage A2
53 mm
1/50 sec.
f/3,2
ISO 200
11. Juli 2009

HUNDALM EISHÖHLE

Die große Eissäule im Eisdom hält sich in aller Regel den ganzen Sommer über, freilich variiert sie in Form und Stärke von Jahr zu Jahr beträchtlich.

Der Unterschied zur Aufnahme auf Seite 73 ist markant, dort wirkte sie deutlich massiver und dicker, obwohl sie schon einen Hochsommermonat mehr hinter sich gebracht hatte.

Bislang ist nicht hinreichend bekannt, ob die Klimaveränderung auch dem Höhleneis bereits zuzusetzen beginnt – entsprechende Reihenuntersuchungen fehlen.

Einmal mehr zeigt hier die Fotografie eines ihrer Hauptwesensmerkmale, die Dokumentation von (vergänglichen) Momenten.

Nikon D5000
10 mm
1/7 sec.
f/4
ISO 800
13. Juni 2010

HUNDALM EISHÖHLE

Ein Blick zurück aus den Tiefen des Eisdomes in Richtung der Einstiegsleiter offenbart die Größe dieses Raumes.

Über 30 m Länge und bis 10 m Höhe sind doch eindrucksvolle Dimensionen – Raum, der sich dem Betrachter nicht sofort erschließt.

Das flackernde Licht der Karbidlampen lässt vieles im Dunklen, im Schemenhaften, manches ist mehr zu ahnen als zu sehen, erst langsam gewöhnt sich das Auge an die Lichtverhältnisse.

Eine Aufnahme vom Stativ mit längerer Belichtungszeit unter Verzicht auf Blitze lässt etwas vom natürlichen Seheindruck erahnen – und stellt hohe Anforderungen an die Geduld der Fotomodelle.

Nikon D5000
10 mm
1/2 sec.
f/4,5
ISO 800
13. Juni 2010

HUNDALM EISHÖHLE

Der Teil der Führung durch den Eiskeller, bis zu -34 m unter Eingangsniveau der Höhle, ist der abenteuerlichste.

Nicht nur über das Höhleneis, sondern mitten hindurch führt der Weg der Besucher.

Die von der Decke herabhängenden Eisfahnen sind in der Form ähnlich Tropfsteinen und bilden eine eindrucksvolle Kulisse, verschiedene Verunreinigungen geben dem Eis Strukturen und „Farbe".

Nikon D5000
24 mm
1/3 sec.
f/5
ISO 800
13. Juni 2010

HUNDALM EISHÖHLE

Junge Forscher werden in der Höhle ganz besonders ihre Freude haben – buchstäblich hautnah ist für sie das Höhleneis erlebbar.

Mit allen Folgen wie eingefrorene Finger und Zehen – noch aber lachen die Fotomodelle Julia Hofmann und Marinus Wolf!

Nikon D5000
19 mm
1/13 sec.
f/6,3
ISO 800
13. Juni 2010

HUNDALM EISHÖHLE

Die Eissäule im Eisdom gibt immer wieder neue, spektakuläre Perspektiven her.

Stets für eine neue Sichtweise gut sind sehr tiefe Kamerastandpunkte in Verbindung mit einem starken Weitwinkelobjektiv, so dass das Bild Dynamik erhält.

Nikon D5000
11 mm
1/7 sec.
f/4
ISO 800
mehrere Blitzgeräte
13. Juni 2010

HUNDALM EISHÖHLE

Prachtvolle Fernblicke unter strahlendem Himmel oder schemenhaft im Nichts verschwindende Umrisse?

Wer die Hundalm Eishöhle besucht, sollte sich bewusst sein, das eine lange Tour im Hochgebirge auch auf vergleichsweise leichten Wegen eben ihre Tücken haben kann.

Und für den Fotografen zur Herausforderung wird.

Nikon D5000
105 mm
1/125 sec.
f/5,6
ISO 200
13. Juni 2010

LITERATURHINWEIS

Hofmann, Peter

**inntaler unterwelten
Vier Wege :: vier Höhlen :: vier Erlebnisse**
- Das Höhlenbuch als Wegbegleiter -

BOD-Verlag, Norderstedt
November 2010
ISBN 978-3-8423-2509-8

Format 15,5 x 21 cm
Paperback, 96 Seiten

Ladenpreis € 8,90

Der Höhlenführer ergänzt diesen Bildband, er möchte ein kompetenter Begleiter auf allen Wegen sein, über alles Wichtige ausführlich informieren und mit weiteren Fotos, Kartenmaterial und den detaillierten Höhlenplänen Lust auf das eigene Erleben der Unterwelten machen...

Weitere Informationen, Leseprobe, Angebote für begleitende Vorträge und Exkursionen u.v.m. auf der Homepage des Autors bzw. des Projektes unterwelten:

www.tropfstein.de

www.unterwelten.com

Hinweis:
In den Tourist-Infos der Talorte Brannenburg, Oberaudorf, Ebbs und Wörgl ist ein kostenloser, ausführlicher Faltprospekt erhältlich, der ausführliche Infos zum Besuch der Höhlen, Anfahrtsskizzen und sogar Pläne der Objekte enthält.